(1830 A 1880)

L'INSTRUCTION PUBLIQUE

EN ALGÉRIE

PÀR

E. FOURMESTRAUX

Secrétaire général de préfecture en retraite

PARIS

CHALLAMEL AINÉ, ÉDITEUR

LIBRAIRIE ALGÉRIENNE ET COLONIALE

5, RUE JACOB, 5

1880

L'INSTRUCTION PUBLIQUE

EN ALGÉRIE

(1830 A 1880)

PAR

E. FOURMESTRAUX

Secrétaire général de préfecture en retraite

PARIS

CHALLAMEL AINÉ, ÉDITEUR

LIBRAIRIE ALGÉRIENNE ET COLONIALE

5, RUE JACOB, 5

—

1880

TABLE DES MATIÈRES

CHAPITRE PREMIER. — **L'instruction publique en Algérie.**

CHAPITRE II. — **Enseignement public musulman.**

Paris-Imp. PAUL DUPONT, 41, rue Jean-Jacques-Rousseau. 3509.12.79.

CHAPITRE PREMIER

L'INSTRUCTION PUBLIQUE EN ALGÉRIE

———

I

Les projets de loi sur l'enseignement, présentés aux Chambres par le Gouvernement, ont donné un intérêt d'actualité à tout ce qui concerne l'instruction publique. Si la discussion a parfois dégénéré en polémiques passionnées et soulevé une regrettable agitation, nous croyons que la majorité des esprits est restée calme, souhaitant que ces matières soient étudiées avec sollicitude, et s'entourant de renseignements aussi complets que possible.

Le moment nous a donc paru opportun pour examiner la situation de l'enseignement en Algérie, en suivant, pour ainsi dire, année par année, les progrès qui ont été accomplis depuis la création des premières écoles dans nos possessions du nord de l'Afrique.

Antérieurement à la prise d'Alger, l'étude des sciences était à peu près nulle dans la Régence. Les écoles arabes établies à côté de presque toutes les mosquées, ne donnaient que l'enseignement primaire le plus élémentaire : la lecture, l'écriture et la récitation du Coran. L'enseignement pour les Israélites n'était pas plus développé ; mais, comme le Gouvernement turc leur avait interdit de se servir des caractères arabes employés pour écrire le livre du Prophète, la Bible était substituée au Coran, et les lettres hébraïques à celles de l'alphabet arabe.

Nous ne parlons pas des *Médressa* (écoles arabes supérieures), ni des *Zaouïa* des marabouts en renom, consacrées à l'étude de la théologie et de la jurisprudence musulmanes ; le caractère presque exclusivement religieux de cet enseignement faisait souvent de ces zaouïa des foyers de fanatisme, car il y en avait d'uniquement destinées à l'étude et à la prière (1).

Au commencement de l'occupation, le nombre des écoles primaires était assez considérable à Alger ; mais il fut bientôt réduit dans une forte proportion, par suite de l'émigration des indigènes et de la démolition d'un grand nombre de mosquées. Toutefois, pour ne pas blesser les susceptibilités religieuses des musulmans qui avaient accepté notre domination, il ne fut rien changé d'abord au mode d'enseignement pratiqué jusqu'alors, malgré sa notoire insuffisance ; tous les maîtres restèrent attachés au service des mosquées et au prétoire des Cadis.

II

Vers la fin de 1831, trois écoles françaises, dont une pour les filles, furent ouvertes aux enfants européens, sous le patronage

---

(1) La *Zaouïa* (monastère, chapelle, oratoire) se trouve généralement près d'un tombeau. Il n'y a pas d'école auprès de toutes les zaouïa, mais seulement dans celles des marabouts renommés comme savants ou comme religieux ; dans ce dernier cas, zaouïa signifie plus directement monastère. Il y a aussi des marabouts illettrés ; ceux-là forment une exception, et ils jouent le plus souvent un rôle politique.

de l'autorité locale, qui encouragea également la création d'une classe spécialement destinée à apprendre à lire et à écrire la langue française aux jeunes israélites.

Les résultats obtenus par ces premiers essais déterminèrent l'administration, en 1832, à organiser à Alger le service de l'instruction publique. Une école d'enseignement pour l'étude de la langue française, de l'écriture et du calcul, et une chaire de langue arabe furent instituées aux frais du Gouvernement. Un inspecteur de l'instruction publique fut chargé de veiller à la bonne direction des études dans ces établissements ; sa mission s'étendit aussi au contrôle de l'enseignement secondaire, laissé alors à l'initiative privée.

En 1834, deux écoles d'enseignement mutuel furent ouvertes, l'une à Oran, l'autre à Bône, en même temps que des écoles primaires étaient fondées aux environs d'Alger, à Mustapha-Pacha, à Déli-Ibrahim et à Kouba. Les israélites ne tardèrent pas à y envoyer leurs enfants ; mais il n'en fut pas de même des habitants maures, qui craignaient les tentatives de conversion à la religion chrétienne. Cette appréhension était si exagérée, qu'il arriva à des jeunes maures de refuser la médaille de l'école, qu'ils avaient méritée par leur assiduité, de peur qu'on ne les soupçonnât de s'être faits chrétiens. L'administration française parvint, heureusement, à vaincre sur ce point les répugnances et les préjugés religieux de la population musulmane.

III

Ces écoles devinrent bientôt insuffisantes, et, dans les premiers mois de l'année 1835, le Gouvernement reconnut qu'il importait d'autant plus d'agrandir le cercle de l'instruction publique, qu'il était difficile aux Européens établis dans notre colonie naissante d'envoyer leurs enfants en France pour y compléter leurs études. L'administration supérieure autorisa donc le Conseil municipal d'Alger à voter les fonds nécessaires pour la fondation, dans cette ville, d'un collége qui ne tarda pas à recevoir d'utiles développements par la création d'un cours de mathématiques et d'un cours supérieur de français; quelques années plus tard, on y ajoutait l'enseignement des langues arabe, latine et grecque, ainsi que de la géographie, de l'histoire et des sciences physiques.

En 1836, une école arabe-française fut encore instituée à Alger, à l'effet de rapprocher de nous la population indigène, en initiant les jeunes musulmans à la connaissance de notre langue, et en les préparant à recevoir l'instruction élémentaire à laquelle participent les enfants dans les écoles de France.

L'année suivante, le Conseil municipal reconnut la convenance de fonder une école primaire pour l'éducation des jeunes filles israélites, et vota les fonds nécessaires pour cette création, qui fut accueillie avec reconnaissance par la majorité de la population juive indigène, si maltraitée sous le gouvernement d'Hussein-Pacha, dernier dey d'Alger.

L'ouverture d'une école de langue française à l'usage des maures adultes, eut également lieu en 1837, et les indigènes employés dans nos diverses administrations, furent soumis à l'obligation d'apprendre le français.

IV

D'un autre côté, la propagation de la langue arabe parmi nos officiers et nos fonctionnaires ayant été considérée, avec raison, comme un moyen puissant de rapprochement entre des races que séparent l'origine, la religion et les mœurs, le Gouvernement fit connaître aux chefs de service l'intention où il était de réserver l'avancement au choix aux candidats qui, à des titres réels, joindraient la connaissance de la langue arabe. Ces sages mesures furent tout d'abord appréciées par nos officiers, qui alors étaient souvent en contact avec les Arabes, surtout dans les postes avancés ; l'Administration en ressentit aussi, mais plus lentement, il est vrai, les heureux effets.

Quant à nos premiers établissements d'instruction publique, ils ne tardèrent pas à devenir très florissants ; d'après les statistiques officielles établies à la fin de 1837, ils comptaient déjà 2,287 élèves européens, musulmans ou israélites,

V

Pendant que l'administration locale apportait tous ses soins à développer l'instruction en Algérie, un jeune savant, M. Adrien Berbrugger, s'était assimilé avec une merveilleuse aptitude la langue arabe, et était parvenu à la parler et à l'écrire très-correctement. Son désir de s'initier plus intimement aux usages et aux mœurs indigènes, lui fit rechercher les ouvrages spéciaux et les manuscrits arabes qui existaient encore à Alger. Il en avait déjà réuni un certain nombre, lorsque le ministère de la guerre lui fit proposer de les lui acheter, et de le charger en outre de continuer ses recherches aux frais du Gouvernement, afin de former une bibliothèque et un musée dont l'organisation devait lui être confiée.

Désigné ensuite pour suivre le corps expéditionnaire qui allait se mettre en marche sur Constantine, M. Berbrugger fut pourvu d'un crédit spécial dont il fit le plus utile emploi, en recueillant plusieurs centaines de manuscrits précieux sur l'histoire, la jurisprudence, la géographie, et quelques branches des sciences. De retour à Alger, il consacra trois mois d'un travail assidu à la rédaction d'un catalogue de ces richesses qui, successivement augmentées par les soins du Ministère de l'instruction publique et par des dons particuliers, forment aujourd'hui une collection du plus grand prix.

Ainsi, en 1840, la bibliothèque d'Alger renfermait déjà environ 1,800 volumes imprimés, la plupart en langue française et latine, littérature ancienne et moderne, histoire, archéologie, philosophie, sciences naturelles, physiques et mathématiques, géographie, ainsi que les meilleurs textes d'études des langues arabe, persane et turque.

Les manuscrits recueillis pendant les expéditions de Mascara, de Tlemcen et de Constantine, étaient alors plus nombreux encore : ils comprenaient au moins 2,000 ouvrages ou opuscules traitant de presque toutes les branches des connaissances humaines chez les Arabes ; d'autres, ayant rapport à la législation, donnent les textes des principaux légistes des deux rites *hanéfi* et *maléki* (1). On y trouve aussi des poèmes de divers genres, des histoires, des biographies, des traités de médecine, de philosophie, et le *Taouhhid*, ou définition de l'unité de Dieu; enfin plusieurs exemplaires du *Coran*, et des commentaires les plus estimés du livre sacré sur lesquels est fondée la jurisprudence appliquée par les cadis.

Quant au musée, il ne tarda pas non plus à réunir dans ses salles, grâce aux dons faits par les divers départements ministériels et aux libéralités des amis de la science, une grande quantité d'objets antiques ou modernes, appartenant notamment à diverses classes de l'histoire naturelle, et choisis principalement parmi les mammifères, les oiseaux et les poissons que produit le pays ; il possédait également plusieurs échantillons de végétaux et minéraux que fournissent les diverses parties du territoire algérien, ainsi qu'une collection d'insectes et de coquillages. On y remarquait encore une collection de médailles romaines et des antiquités de toute nature, provenant des fouilles exécutées sur différents points de l'Algérie par nos officiers, ou par les savants qui suivaient les colonnes expéditionnaires.

D'autres villes, notamment Philippeville et Cherchel, fondèrent

---

(1) Ces rites diffèrent entre eux par centaines interprétations de la loi et des pratiques religieuses ; mais ils se considèrent mutuellement comme orthodoxes. Toutefois, les *hanéfi* passent pour être les plus larges et les plus tolérants.

aussi vers cette époque des bibliothèques et des musées qui forment aujourd'hui les plus riches collections de l'Algérie, en livres et manuscrits arabes, en statues, bas-reliefs, bronzes, tombeaux, inscriptions, marbres, céramiques et échantillons divers, fort appréciés par les savants, les amis des arts, et les hommes d'étude.

Indépendamment des bibliothèques publiques, des bibliothèques scolaires furent aussi ouvertes, et leur nombre s'élève aujourd'hui à 169, savoir : 85 dans les départements de Constantine, 46 dans celui d'Alger, et 38 dans celui d'Oran.

VI

C'est également sur les indications de M. Berbrugger que le Gouvernement jugea utile, dans l'intérêt de la science aussi bien qu'au point de vue politique et administratif, de faire rechercher sur ce sol jusqu'alors inexploré, les monuments de l'antiquité, les objets d'art, les inscriptions, etc., de nature à aider aux investigations de l'histoire.

Une commission scientifique composée de savants et d'hommes spéciaux, appartenant pour la plupart à l'académie des sciences, à l'académie des inscriptions et belles-lettres, et à l'académie des beaux-arts, fut désignée à cet effet par le ministre de l'instruction publique, sur la demande du ministre de la guerre.

Indépendamment de l'objet principal de la mission qui lui avait été confiée, les recherches de cette commission devaient aussi porter sur l'invasion de l'Espagne sous les rois Goths et sur la succession de la puissance mahométane à l'établissement chrétien, afin de connaître quels furent, à cette époque de transition, les statuts, chartes et autres actes authentiques qui réglèrent les rapports des musulmans avec les vaincus ; puis, sur la durée de la domination arabe, afin de recueillir des renseignements précis sur les documents de toute nature relatifs à la législation et à la jurisprudence propres à ce peuple, ainsi que les traités spéciaux concernant les matières judiciaires, soit qu'ils fussent destinés à l'enseignement même du droit, soit qu'ils servissent de règle aux magistrats musulmans pour l'administration de la justice. Il n'était pas moins intéressant d'être fixé sur la nature des priviléges conservés par les maures d'Espagne, que de savoir quelles conventions en réglèrent la jouissance, et comment ils furent anéantis.

Enfin le Gouvernement avait, surtout à cette époque, un grand intérêt à connaître quel fut le mode d'administration adopté en Afrique par les Espagnols, et comment se réglèrent leurs rapports avec les indigènes depuis l'occupation de la Tunisie par Charles-Quint, jusqu'à l'occupation restreinte de Ceuta et de ses annexes.

Toutes ces recherches furent consoiencieusement faites par la commission scientifique, dont les nombreux rapports, réunis en volumes, peuvent encore être consultés aujourd'hui par les hauts fonctionnaires algériens, afin d'éviter les fautes commises par leurs devanciers.

La commission scientifique rendit aussi un grand service aux fonctionnaires de l'instruction publique, en appelant la sollicitude du Gouvernement sur la situation des professeurs et des maîtres détachés en Algérie pour les besoins généraux de l'enseignement. Il était juste, en effet, d'étendre aux membres du corps enseignant de notre colonie naissante, les règles déjà appliquées à d'autres classes de fonctionnaires, et une décision du ministre de l'instruction publique, en date du 13 avril 1839, leur conserva les droits qu'ils avaient acquis en France, comme membres de l'Université ; leurs services furent donc considérés, pour l'avancement et la retraite, comme s'ils étaient rendus dans la métropole.

L'attention du Gouvernement fut aussi appelée, par l'administration locale, sur l'enseignement à donner aux jeunes Arabes, afin de leur faire apprécier les avantages de notre civilisation. Deux moyens furent employés pour atteindre ce but : on annexa d'abord au collége d'Alger une classe spéciale où les indigènes devaient recevoir une instruction élémentaire, distincte de celle des Européens, ayant surtout pour but de leur apprendre notre langue et celles de nos connaissances qui pourraient leur être le plus utiles, sans froisser les mœurs et les usages de leur pays ; puis on fonda à Paris un institut pour les jeunes Arabes avec un enseignement plus étendu, mais toujours en harmonie avec leur situation future, et sans alarmer leurs croyances religieuses. On doit regretter que ce dernier établissement ait été abandonné avant même sa complète organisation.

En 1840, d'importantes améliorations furent apportées à l'organisation du collége d'Alger, où l'on avait reconnu que les traditions classiques ne devaient pas prévaloir exclusivement. Les besoins du pays réclamaient, en effet, l'introduction parallèle d'un système d'études moins sérieuses et plus directement profitables au grand nombre de professions utiles, pour lesquelles la connaissance des langues anciennes n'est qu'une érudition de luxe.

L'enseignement professionnel fut ajouté au programme des études de l'établissement, en même temps qu'on supprima les rétributions scolaires, afin de mettre ainsi l'instruction à [la portée de tous, par la gratuité. Ces mesures libérales ne tardèrent pas à produire d'heureux effets, car le nombre des élèves fréquentant nos établissements d'instruction qui, en 1837, n'était que de 2,287, dépassait 3,000 en 1841, et s'élevait à 5,123 à la fin de 1845.

Cette dernière progression est la plus remarquable de toutes celles qui avaient été constatées, car il convient de faire observer que le nombre des enfants admis dans les établissements d'instruction publique s'était accru alors dans une proportion beaucoup plus forte que la population même. Le nombre des enfants fréquentant nos écoles était à cette époque de 1 sur 3 à Alger, tandis qu'il n'était que de 1 sur 6 pour le reste de la colonie, où les femmes juives, dépourvues d'instruction, ne voulaient pas laisser apprendre le français à leurs filles ; il est vrai que, mieux inspirés, les pères poussaient leurs fils dans nos écoles.

Pendant les années 1846 et 1847, le nombre des élèves s'accrut

encore dans de larges proportions ; mais c'est surtout à partir de
1848 que le développement et les progrès de l'instruction publique ont été plus sensibles en Algérie, malgré la crise qui avait
pesé sur le pays pendant ces dernières années. Ce résultat signifi-
catif était dû aux efforts que faisait l'Administration pour étendre
l'enseignement primaire à tous les centres de population, ceux
surtout où dominaient les classes ouvrières et laborieuses, notamment Blida, Boufarik, Médéa, Milianah, Ténès, Mostaganem, Mers-
el-Kebir, Philippeville, et même dans les communes des territoires mixtes.

VII

Jusqu'alors, le service de l'instruction publique avait été placé,
comme tous les autres services de l'Algérie, dans les attributions
du Ministère de la guerre ; cet état de choses cessa à partir du
1er octobre 1848, époque à laquelle fut créée à Alger une Académie
dont le ressort devait s'étendre sur les territoires civils et militaires des trois provinces d'Alger, d'Oran et de Constantine.

Le recteur de l'Académie d'Alger, appelé à siéger au Conseil du
Gouvernement de la Colonie, et autorisé à correspondre directement avec le ministre de l'instruction publique, eut pour mission
de diriger l'enseignement à tous les degrés, à l'exception toutefois
des écoles musulmanes, qui, pour des raisons d'ordre politique,
devaient rester placées pendant longtemps encore sous la haute
surveillance du Gouverneur général.

D'après un arrêté du chef du pouvoir exécutif, rendu à la même
époque, le collége d'Alger fut érigé en lycée national, avec
faculté de recevoir jusqu'à 60 élèves boursiers ou demi-boursiers
entretenus aux frais de l'Etat, et tous les membres du corps enseignant de l'Algérie, depuis le proviseur jusqu'aux maîtres d'études,
devaient désormais être nommés directement par le ministre de
l'instruction publique.

A partir de cette époque, l'enseignement a pris un développement véritablement considérable, non seulement dans les établis-

sements de l'Etat, mais aussi dans les institutions privées qui s'étaient fondées sur les divers points de l'Algérie. On comptait alors 247 écoles publiques et 35 écoles privées pour les deux sexes.

La position des instituteurs laïques était devenue très bonne, et fort recherchée. L'Académie avait habilement profité du grand nombre de candidats qui demandaient à venir en Algérie, pour améliorer le personnel enseignant (à présent tout à fait à la hauteur de sa mission), et il faut s'applaudir de ce progrès, qui certainement ne s'arrêtera pas là.

Des instituteurs et des institutrices avaient demandé à s'établir, à leurs risques et périls, dans certains centres de population encore dépourvus de tous moyens d'instruction, pour y fonder des écoles mixtes. L'administration académique encouragea l'ouverture de ces établissements particuliers, surtout dans les localités érigées en communes. Elle autorisa également la création d'écoles rabbiniques, dites *midrashim*, dans les principales villes de l'Algérie. Un règlement préparé par le recteur, adopté par le Conseil académique, et approuvé par le Conseil supérieur de l'instruction publique, assura d'abord une marche assez rapide à cet enseignement, dont les écoles réunirent en quelques années environ 1,200 élèves ; mais ce nombre n'a jamais été dépassé, sans doute parce que ces établissements ne donnent que l'instruction religieuse, l'hébreu et les textes sacrés ; ils ne répondent donc pas à tous les besoins de la population israélite, et ils seront remplacés peu à peu par des écoles communales.

Nous croyons utile de mentionner encore les travaux de la commission instituée pour examiner les aspirants et aspirantes au brevet de capacité pour l'enseignement primaire. De la tenue de ces examens devait dépendre le bon recrutement du personnel des instituteurs et des institutrices. En 1855, la commission établie à Alger, dans les mêmes conditions que les commissions de France, avait délivré 90 brevets, dont 42 à des instituteurs, et 48 à des institutrices, sur 288 candidats qui s'étaient présentés aux examens.

En 1856 et 1857, l'enseignement primaire ne cessa de progresser, pendant que l'enseignement secondaire se développait dans toutes les villes. De son côté, le lycée d'Alger suivait aussi une marche ascendante, et son organisation se complétait par l'adjonction d'une chaire spéciale de logique, de deux chaires d'allemand et d'anglais, d'un cours de dessin graphique, et de deux cours préparatoires aux professions industrielles et commerciales.

VIII

L'instruction publique était donc en pleine prospérité dans la colonie, lorsqu'on créa, spécialement pour le prince Napoléon, un ministère de l'Algérie et des colonies, qu'on forma avec la direction des affaires de l'Algérie, qui depuis 1830 était restée dans les attributions du Ministère de la guerre, et avec la direction des colonies qui jusqu'alors avait fait partie du Ministère de la marine.

Les services de la justice, des travaux publics, des finances, ainsi que l'instruction publique, furent distraits de leurs ministères respectifs pour être rattachés à ce nouveau département ministériel.

Pendant la période du ministère de l'Algérie et des colonies, qui dura du 24 juin 1858 au 24 novembre 1860, l'administration de la colonie avait été profondément remaniée. Des modifications non moins considérables suivirent sa suppression : à partir du 10 décembre 1860, tous les services rentrèrent dans les attributions des départements ministériels auxquels ils avaient appartenu antérieurement.

De nouvelles écoles ou salles d'asile, au nombre de 46, avaient été ouvertes, et le nombre des élèves reçus dans ces établissements avait augmenté de 5,415, tandis que le personnel enseignant avait suivi la même progression. Ainsi, en 1862, on comptait 354 instituteurs et institutrices laïques et 440 congréganistes ; la différence entre les élèves laïques et les élèves congréganistes était environ du tiers en plus en faveur de ces derniers, mais le contraire devait se produire quelques années plus tard.

IX

Ainsi, au lendemain du 4 septembre 1870, plusieurs municipalités, notamment celles d'Alger et de Constantine, décidèrent que l'instruction primaire serait exclusivement laïque dans leur commune, et l'autorité préfectorale approuva ces délibérations. En 1872, le vice-amiral de Gueydon, gouverneur général de l'Algérie, ayant, par divers arrêtés, rapporté les autorisations préfectorales, les conseils municipaux intéressés se pourvurent devant le Conseil d'Etat, qui, par deux décisions des 23 mai et 27 juin 1873, rejeta leurs requêtes. Mais ce ne fut qu'un court temps d'arrêt dans le développement de l'enseignement laïque.

X

L'instruction publique suivit une marche progressive en Algérie, où elle resta désormais divisée en trois branches : l'enseignement supérieur, l'enseignement secondaire, et l'enseignement primaire.

L'enseignement supérieur et l'instruction secondaire étaient, il est vrai, administrés d'après les lois et règlements de la métropole; mais l'enseignement primaire restait encore sous un régime exceptionnel. Or, afin d'appliquer d'une manière complète à l'Algérie la législation de la métropole, un décret du 15 août 1875 régla définitivement l'organisation de l'instruction publique dans cette colonie. Les principales dispositions de ce décret fixèrent :

1° La composition et les attributions du Conseil académique siégeant à Alger, sous la présidence du recteur;

2° La création et la composition des Conseils départementaux de l'instruction publique ;

3° L'assimilation, au point de vue du traitement, des professeurs et des fonctionnaires de l'enseignement à leurs collègues de la métropole, tout en leur attribuant un supplément colonial.

XI

L'Académie d'Alger embrasse dans son ressort les trois départements d'Alger, d'Oran et de Constantine ; elle comprend tous les établissements destinés aux élèves chrétiens et israélites. Les musulmans relèvent de l'autorité du gouverneur général. Le haut personnel se compose : 1° du recteur, chef de service ; 2° de trois inspecteurs d'académie résidant au chef-lieu de chaque département, d'où ils exercent la surveillance des cours publics d'arabe, du lycée, des colléges communaux, dés institutions secondaires, publiques et privées, ainsi que des maîtrises ; ils visitent en outre les écoles primaires les plus importantes, et remplissent des missions que nécessitent les enquêtes et autres affaires délicates.

XII

L'enseignement supérieur prendra bientôt une plus grande importance par la création prochaine d'une Faculté secondaire des lettres, des sciences, de droit et de médecine, votée récemment par la Chambre des députés et par le Sénat. Tel qu'il est actuellement, l'enseignement supérieur comprend : l'école de médecine et de pharmacie, les cours supérieurs de langue arabe, les médressa, et l'Observatoire d'Alger.

XIII

Les cours de l'école de médecine et de pharmacie sont suivis par près de cent élèves, parmi lesquels on compte un dixième d'indigènes, israélites et musulmans, mais ces derniers en plus grand nombre. Les inscriptions prises depuis la fondation de l'école dépassent deux cents, et le jury accorde chaque année un nombre croissant de diplômes d'officier de santé, de pharmacien et de sage-femme. La marche de cet établissement est donc fort satisfaisante ; la proportion des aspirants au doctorat en médecine l'emporte sur celle des aspirants au titre d'officier de santé, et les jeunes gens préparés à Alger, qui se présentent dans les hôpitaux ou dans les écoles de la métropole, y sont reçus avec un rang qui témoigne de l'élévation des études. Cette école forme, en outre, des praticiens versés dans la connaissance des maladies du pays, et dont quelques-uns se sont déjà établis sur des points les plus éloignés de nos possessions ; elle est donc appelée à rendre de grands services à la population arabe, en faisant revivre l'art de guérir chez un peuple livré aujourd'hui encore à des empiriques et à des charlatans. A ce point de vue surtout, l'école de médecine et de pharmacie d'Alger aidera puissamment à l'œuvre de civilisation.

XIV

Les trois cours supérieurs de langue arabe établis à Alger, à Oran et à Constantine, sont suivis par des auditeurs dont le nombre, relativement restreint, est encore réduit chaque anuée après les vacances de Pâques.

Les chaires existantes sont comprises dans l'enseignement supérieur ; si elles étaient complétées par des cours d'arabe primaire et secondaire, on réussirait mieux à développer et à répandre la connaissance d'une langue aussi nécessaire que l'arabe, laquelle est cependant comprise dans les matières facultatives du brevet de l'enseignement primaire. On a aussi accordé à la langue arabe le même privilége qu'à l'anglais, l'allemand, l'italien et l'espagnol, en l'admettant comme langue vivante aux épreuves des deux baccalauréats. Cette disposition déterminera, croyons-nous, un grand nombre de maîtres à se familiariser avec la langue du pays, et les cours spéciaux se multiplieront certainement sur tout le territoire algérien. On cite, à Alger, un pensionnat de demoiselles où on a ouvert un cours d'arabe.

La durée des études dans les médressa est fixée à trois années. L'enseignement comprend : la langue française, l'histoire, la géographie, l'arithmétique, les principes du droit français, ainsi que la langue et la littérature arabes, la théologie et le droit musulman.

A la fin de la troisième année, un examen de sortie détermine le numéro de classement des élèves ayant terminé leurs études, et c'est d'après leur ordre d'inscription qu'ils sont admis aux emplois qu'ils désirent obtenir dans les services indigènes du culte, de la justice et de l'instruction publique.

C'est là, encore, un moyen d'amener à nous la génération actuelle ; on ne saurait trop le développer et l'encourager. Le nombre des élèves, en 1879, était de 33 dans la province d'Alger, de 16 dans celle d'Oran, et de 35 dans celle de Constantine.

XV

Quant à l'Observatoire d'Alger, une décision du ministre de l'instruction publique, en date du 13 octobre 1875, l'a définitivement placé dans les attributions du recteur de l'académie d'Alger, qui doit contrôler les dépenses et être tenu au courant des travaux scientifiques.

Dès 1837, des commissions météorologiques, composées d'ingénieurs, d'officiers du génie et de médecins militaires, commencèrent à fonctionner à Alger, à Oran et à Constantine ; elles pourvurent aussi, au moyen de fonds alloués par le ministre de la guerre, à l'acquisition des instruments et à l'organisation des stations. La plupart de ces stations furent confiées aux officiers du génie, et le chef de ce service centralise encore à Alger les observations recueillies dans les diverses stations.

Réorganisé conformément aux dispositions d'un décret du 13 février 1873, avec le concours de M. Ch. Sainte-Claire-Deville, membre de l'Institut, inspecteur général des établissements météorologiques, et de M. Tarry, secrétaire de la Société météorologique de France, l'Observatoire d'Alger compte maintenant 48 stations de premier ordre, où se font des observations très-complètes, et un certain nombre de stations secondaires, chargées des études plus locales. Ces observations, centralisées à Alger par le service du génie, sont transmises télégraphiquement à Paris, une fois par jour, au bureau central météorologique. Publiées d'abord sous les auspices de M. Ch. Sainte-Claire-Deville, et interrompues un instant après la mort de ce savant, ces observations sont maintenant recueillies et vont être publiées par M. Mascart, directeur du bureau central météorologique de France, dont la haute compétence contribuera certainement à apporter toutes les améliorations qu'exige incessamment la publication d'observations si utiles à la marine, à l'agriculture et au commerce.

Le bulletin mensuel algérien est échangé avec les publications analogues des principaux offices météorologiques de l'Europe, de l'Amérique et des Indes.

Enfin, le service météorologique de l'Algérie a pris une place si honorable dans la science, que, en 1878, le jury de l'Exposition universelle de Paris lui a décerné une des plus hautes récompenses.

XVI

L'enseignement secondaire comprend : 1° le lycée d'Alger ; 2° dix colléges communaux, dont trois dans le département d'Alger : Blidah, Médéah, Milianah ; trois dans le département d'Oran : Oran, Mostaganem, Tlemcen ; quatre dans le département de Constantine :

Constantine, Bone, Philippeville, Sétif ; 3° quatre établissements libres : Saint-François-Xavier, à Alger ; Saint-Charles, à Blidah ; Sahut et Notre-Dame, à Oran.

Le plus important de ces établissements, par sa population et le niveau de ses études, est le lycée d'Alger, qui réunit plus de mille élèves ; un cours de mathématiques spéciales y a été créé il y a quelques années à peine, et déjà onze élèves en sont sortis pour l'École polytechnique et l'École normale. Son personnel se compose de 78 fonctionnaires, dont 48 professeurs de tous ordres, parmi lesquels 14 sont agrégés.

Le collége de Constantine vient ensuite ; il compte près de 400 élèves. Un décret du 30 décembre 1876 l'a érigé en lycée national ; mais il ne pourra recevoir sa nouvelle destination qu'après l'achèvement des bâtiments, conformément aux plans approuvés, et dès qu'il sera pourvu du mobilier usuel et scientifique déterminé par les règlements universitaires.

Le collége d'Oran, dont les élèves sont au nombre de 253, ne tardera sans doute pas à recevoir une pareille transformation, que sollicitent les habitants de ce département.

Les autres colléges communaux sont ainsi classés, d'après le nombre des élèves qu'ils reçoivent : Sétif, 248 ; Mostaganem, 246 ; Blidah, 219 ; Bone, 217 ; Médéah, 166 ; Philippeville, 159 ; Milianah, 151 ; et enfin Tlemcen, 129.

Le plus prospère des établissements libres est celui de Notre-Dame, à Oran, qui, il est vrai, est aussi le plus ancien ; ceux de Saint-Charles, à Blidah, et Saint-François-Xavier, à Alger, ont à peu près le même nombre d'élèves ; quant à l'institution de Sahut, à Oran, sa fondation est récente et les documents officiels n'indiquent pas encore le nombre des élèves qui suivent ses classes.

XVII

L'enseignement primaire est le même qu'en France : écoles publiques, écoles privées, spéciales aux différents cultes, écoles de garçons, écoles de filles, écoles mixtes, salles d'asile non seulement tenues comme dans la métropole, mais surtout dans de meilleures conditions au point de vue des avantages assurés au personnel enseignant.

En Algérie comme en France, l'enseignement primaire reçoit l'enfant dès le premier âge et l'initie aux connaissances les plus élémentaires; mais il comprend trois divisions bien distinctes : les cours d'adultes, les écoles primaires destinées aux enfants de 7 à 12 ans, et les salles d'asile où sont admis les enfants ayant moins de 7 ans.

Ces divers cours ou établissements sont placés sous la surveillance de six inspecteurs primaires, soit deux par département, nombre insuffisant, et ils relèvent directement de l'inspecteur d'académie, leur chef de service.

Les cours d'adultes ont été créés par les municipalités les plus importantes de l'Algérie, en vue de répandre le plus possible l'instruction dans les masses. Plus de 4,600 auditeurs suivent 175 cours faits, le soir, par des instituteurs communaux ; mais ces cours sont généralement abandonnés pendant l'été, alors que les chaleurs sont accablantes. La moyenne des indemnités allouées par les communes est de 150 fr ; cette rémunération semble suffisante, puisque beaucoup de municipalités sont sollicitées par les instituteurs pour établir des cours analogues.

D'après les derniers documents officiels qu'il nous a été permis de consulter, le nombre des écoles primaires et des salles d'asile s'élevait à 792, dont 479 laïques, 293 congréganistes, 19 écoles arabes-françaises spéciales aux garçons, et une école arabe-française spéciale aux filles. Le nombre des maîtres et maîtresses attachés à ces écoles dépasse 1,500 ; mais les écoles de garçons sont en très-grande majorité dirigées par des maîtres laïques, tandis que le contraire a lieu pour les écoles des filles.

En considérant dans leur ensemble les établissements primaires de divers ordres, en 1879, on constate que 949 écoles, salles d'asile, ou cours d'adultes, dont 656 laïques et 293 congréganistes, ont reçu 71,065 adultes ou enfants des deux sexes, savoir :

Ecoles publiques .	{ garçons .	22.675	} 41.131	}	
	{ filles. . .	18.456			
				}	45.286
Ecoles libres . . .	{ garçons .	816	} 4.155	}	
	{ filles. . .	3.339			
Ecoles mixtes					1.339
Salles d'asile . . .	{ garçons	7.743	} 19.833		
	{ filles.	12.090			
Cours d'adultes					4.607
En ajoutant à ce chiffre de					71.065

1° Les étudiants et les élèves sages-femmes qui suivent les cours de l'école de médecine et de pharmacie, lesquels sont au nombre de. 86

2° Les élèves du lycée d'Alger. 1.062

3° Ceux des dix colléges communaux. 2.188

4° Ceux des institutions libres. 383

5° Enfin ceux des écoles normales de :

	Mustapha (garçons). . .	140	} 164
	Milianah (filles)	24	}

Nous constatons que. 74.948

adultes et enfants ont participé, en Algérie, pendant l'année 1879, à tous les degrés de l'instruction publique.

En les classant par nationalités, ils sont ainsi répartis :

Européens .	{ français. . . .	41.617	} 65.906	}	
	{ étrangers. . .	24.289			
				}	74.948
Indigènes. .	{ israélites . . .	6.406	} 9.042	}	
	{ musulmans . .	2.636			

Parmi les élèves musulmans, nous n'avons pas compris ceux

qui fréquentent les médressa d'Alger, de Constantine et de
Tlemcen, dans lesquelles on forme, comme nous l'avons déjà
expliqué, les candidats aux emplois dépendant des services indigènes. Ces établissements relèvent directement du gouverneur général, et le nombre des élèves qui les fréquentent, nous le répé-
tons, n'atteint pas cent pour les trois provinces.

XVIII

Il est vraiment regrettable que, plus de quarante ans après la
création de la première école arabe-française à Alger, l'instruction primaire n'ait pas recruté un plus grand nombre d'élèves
parmi les 2,500,000 musulmans qui peuplent l'Algérie. Nous ne
prétendons pas faire peser entièrement la responsabilité de cette
situation anormale sur les gouverneurs généraux militaires ; mais
nous croyons que ces hauts fonctionnaires ont pu, involontaire-
ment, y contribuer, en se réservant, sous prétexte d'intérêt politique, la direction et la surveillance des écoles musulmanes. Il y
a lieu d'espérer que les choses changeront avec l'extension du
régime civil sur tous les territoires de l'Algérie. Tout ce qui
concerne l'instruction publique étant classé dans les attributions
du ministère compétent de la métropole, les écoles françaises et
arabes deviendront les plus puissants instruments de pacification
et de civilisation.

Plus que toute autre, l'instruction primaire nous paraît appelée
à rendre d'importants services en Algérie, autant pour civiliser
les indigènes que pour faire désirer aux étrangers la naturalisation
française. A ce point de vue surtout, nous croyons qu'il serait
impolitique de supprimer complètement les écoles congréganistes
dans certaines villes, notamment à Alger, Oran, Bone et Philippeville, où les Espagnols, les Italiens et les Maltais réunis, sont
de beaucoup plus nombreux que les Français. Ainsi, d'après le

dernier recensement officiel, la population d'Oran est de 49,368 habitants, dont 35,910 Européens, parmi lesquels on compte 24,863 étrangers (Espagnols, Italiens, Maltais), et seulement 11,047 Français. A Bone, sur une population de 25,103 habitants, il y a 16,033 Européens, dont 6,037 Français, et 9,996 Espagnols, Italiens et Maltais. La même proportion existe à Philippeville en faveur de ces derniers. Enfin, à Alger, sur une population de 57,495 habitants, dont 34,597 Européens, on compte 18,216 Français, et 16,381 Espagnols, Italiens et Maltais. Tous ces étrangers sont catholiques, très religieux et pour la plupart fort superstitieux ; ils hésiteront donc, pendant longtemps encore, à envoyer leurs enfants dans les écoles laïques, tandis qu'ils s'empressent de les confier aux salles d'asile, où, dès le premier âge, ces enfants s'habituent à parler notre langue qu'ils s'assimilent avec une grande facilité.

L'instruction primaire, largement et libéralement pratiquée, peut fondre en une puissante et féconde unité les éléments si divers qui composent actuellement la population algérienne : son œuvre doit être incessante et s'étendre chaque jour; partout où un village s'élèvera, où un centre de population s'établira, l'école devra s'ouvrir pour recevoir les enfants et les instruire; son action ne devra avoir pour limites que celles mêmes qui seront assignées aux progrès de la population de la colonie.

De son côté, l'instruction secondaire poursuit son œuvre avec succès; elle acquiert chaque jour une organisation plus régulière, plus forte, et de nouvelles branches d'enseignement sont créées au fur et à mesure que les besoins s'en font sentir.

Partout, l'enseignement public et l'enseignement privé étendent leurs moyens d'action et affermissent leur influence salutaire. Nous sommes heureux de le constater, cette branche de l'instruction publique offre d'excellents résultats; le lycée d'Alger, notamment, ne le cède en rien, pour la force des études, à ceux des principales villes de la métropole.

Quant aux écoles arabes-françaises, créées en territoire de

commandement, elles sont au nombre de 14, y compris celles de Djemaa-Soharidj, de Beni-Yenni, de Ouadhia, dirigées par les jésuites, et celle de Beni-Menguilet, tenue par les missionnaires d'Afrique, toutes les quatre situées dans la subdivision du fort National. Les missionnaires d'Afrique ont aussi fondé une école à Tuggurt, dans le Sahara. Ces cinq établissements sont exclusivement fréquentés par les enfants des indigènes. A côté des écoles, ont été créés des dispensaires et des ambulances, pour secourir les malades et les indigents, desservis par des congrégations religieuses. Ces créations intelligentes ont assuré le succès de ces écoles, qui comptent plus d'élèves que celles établies par l'Etat. Si les instituteurs laïques sont appelés bientôt à remplacer les congréganistes, il est à souhaiter qu'on conserve les établissements auxiliaires qui rendent de si grands services aux populations. Mais, dans le cas où ces écoles seraient conservées avec leurs instituteurs actuels, l'Université devra se préoccuper de soutenir la lutte en Algérie avec les corporations religieuses pour la propagation de l'instruction primaire.

Les écoles arabes-françaises nous paraissent destinées, en dehors de l'enseignement qui s'y donne, à exercer une influence décisive pour la civilisation des indigènes, car les musulmans ne peuvent tarder à se dépouiller des préjugés absurdes qui leur font regarder l'instruction donnée par des chrétiens comme une hérésie, et l'étude d'une langue étrangère comme une violation de leurs traditions nationales et religieuses.

Quelques écoles arabes-françaises du territoire de commandement sont fréquentées par des Français, des israélites, en même temps que par des musulmans. Il y a pour ces établissements 54 instituteurs, dont 41 français et 13 indigènes ; on compte environ 600 élèves musulmans, 200 israélites et 600 Français. Ce résultat laisse évidemment à désirer, et le succès des congréganistes doit exciter le zèle et l'ardeur de l'Administration.

L'instruction est aussi donnée aux enfants des tribus et de quelques villes de l'intérieur dans des écoles musulmanes qui ont survécu à la conquête, et qui sont dirigées par des maîtres indigènes nommés *tholba* (1). L'enseignement, comme nous l'avons dit en commençant, est absolument rudimentaire. Le nombre des maîtres est de 750; celui des élèves de 6,500 ; mais ces chiffres ne doivent être considérés que comme très-approximatifs, parce que ces écoles ne sont pas encore soumises à la direction et à la surveillance de l'Académie d'Alger. Les dépenses sont à la charge des tribus ou des communes indigènes.

Il reste aussi quelque chose à faire pour encourager tous les israélites à envoyer leurs enfants dans les écoles françaises. La plupart des familles, pour tirer un parti précaire et momentané du travail de leurs enfants, les retiennent auprès d'elles ; c'est ce qui explique la supériorité du nombre des filles sur celui des garçons fréquentant actuellement les écoles. Il faut espérer que ces familles comprendront bientôt qu'en faisant participer leurs enfants aux bienfaits d'une instruction gratuite, elles leur assurent, pour l'avenir, l'accès à des carrières brillantes et lucratives.

L'instruction primaire est, en effet, absolument gratuite dans toute l'Algérie, aussi bien pour les indigènes que pour les Français et les étrangers. Le nombre des bourses pour le lycée d'Alger et pour les collèges communaux est relativement très-élevé. L'Etat, les départements et les communes, ont concouru libéralement à ce résultat. Les sacrifices que s'imposent à cet égard les communes, dont les ressources, en général, sont fort restreintes, sont dignes des plus grands éloges.

Enfin, si, en France, le recrutement des maîtres se fait encore difficilement, malgré l'exonération du service militaire, qui est cependant pour eux un puissant encouragement, un courant contraire se manifeste pour l'Algérie, sans toutefois répondre complètement aux besoins multiples de l'instruction dans un pays nouveau, où la population augmente incessamment; mais bientôt

---

(1) Pluriel de *thaleb* (érudit, postulant à la science).

les écoles normales de Mustapha et de Milianah permettront, sans doute, de combler cette lacune.

XIX

Nous ferons ici une dernière observation, en vue de faciliter à l'Algérie le recrutement de son personnel enseignant.

Ainsi, le décret du 15 août 1875 a assimilé, au point de vue du traitement et de la retraite, les professeurs et les fonctionnaires de l'enseignement à leurs collègues de la métropole, tout en leur attribuant un supplément colonial. Les instituteurs qui parlent et enseignent l'arabe reçoivent en outre une prime annuelle qui varie de 300 à 500 francs, selon les connaissances dont ils font preuve.

A ces avantages déjà acquis, ne pourrait-on ajouter d'autres encouragements consistant : soit en primes pour ceux qui enseigneraient depuis dix ou quinze ans en Algérie ; soit en ajoutant l'indemnité coloniale au traitement pour la liquidation de la retraite, qui se trouverait ainsi sensiblement améliorée ; soit en accordant une concession gratuite de terrain à proximité de la résidence où l'enseignement aurait été donné par l'instituteur pendant les dix dernières années d'exercice ; soit, enfin, en autorisant, avec le concours des trois conseils généraux qui la subventionneraient, une association de secours mutuels analogue à celles qui, sur l'initiative du baron Taylor, furent fondées à Paris pour les artistes, les hommes de lettres et les auteurs dramatiques, à l'effet de venir en aide à ceux des membres du corps enseignant de l'Algérie qui, surchargés de famille, ou atteints d'infirmités, se verraient obligés de cesser d'exercer avant d'avoir réuni les conditions voulues pour leur admission à la retraite?

Ces avantages encourageraient certainement beaucop de bons élèves à embrasser la carrière de l'enseignement.

Quoi qu'il en soit, si l'imperfection des méthodes et la difficulté de recruter des maîtres capables ont été, pendant les premiers temps de l'occupation, un obstacle au progrès de l'enseignement, il n'en est plus de même aujourd'hui, où l'instruction publique a pris en Algérie un développement considérable, dont on doit féliciter l'Académie et le corps enseignant de notre belle colonie.

XX

Nous rappellerons même, en terminant cette première partie de notre étude, qu'à l'Exposition universelle de 1878, les travaux de nos écoles algériennes ont été fort remarqués, notamment une grande carte murale, des plans en relief, de nombreux documents statistiques, des notices, ainsi que des travaux préparés par les soins de l'administration académique, et qu'ils ont fait ressortir d'une manière toute spéciale les progrès pédagogiques accomplis en Algérie depuis que l'enseignement a été replacé dans les attributions du Ministère de l'instruction publique.

L'enseignement et les sociétés savantes de l'Algérie ont, en effet, figuré pour une large part dans les grands diplômes d'honneur, les médailles d'or, d'argent et de bronze, ainsi que dans les mentions honorables, à la distribution des récompenses proclamées le 21 octobre 1878 par M. le Président de la République.

CHAPITRE II

ENSEIGNEMENT PUBLIC MUSULMAN

I

Nous croyons utile de compléter ce travail par quelques consi-dérations sur l'enseignement public chez les musulmans algériens.

La nécessité des mesures à prendre pour développer, en Algérie, l'instruction publique musulmane, n'est plus aujourd'hui en discussion ; il serait également superflu de démontrer qu'en maintenant les indigènes dans l'ignorance, on travaillerait à grossir l'armée du fanatisme, et par conséquent à augmenter le nombre de nos ennemis.

Un coup d'œil rapide sur l'état de l'instruction publique en Algérie avant la conquête, suffira pour faire comprendre l'étendue des devoirs qui nous ont été légués par le passé.

En Algérie, rien ne rappelait les institutions et les coutumes qui régissent en France l'instruction publique. Le gouvernement, l'administration, l'État enfin, n'avaient aucune part immédiate à la direction et à la surveillance de l'enseignement. Les particuliers n'avaient pas non plus formé des entreprises à leurs risques et périls pour instruire la jeunesse ou pour professer les sciences.

L'instruction avait été placée sous la sauvegarde de la religion. Le Coran, dans plusieurs de ses chapitres, a honoré et glorifié les savants ; il encourage l'étude, afin de propager la connaissance des vérités religieuses. Aussi, pour tous les musulmans, apprendre à lire, c'est apprendre à déchiffrer le Coran ; apprendre à écrire, c'est retracer les caractères du livre sacré. Le Coran est la base même de l'enseignement primaire, de même qu'il devient plus tard le texte des leçons pour l'instruction secondaire et le but des hautes études.

Dans tous les pays musulmans, c'est une règle générale, à peu près absolue, qu'à côté de chaque mosquée ou de chaque chapelle, il y ait une école ; mais le culte, pas plus que l'instruction publique, n'avait ni budget ni subvention spéciale alloués par l'État. Les mosquées et les chapelles étaient fondées par des personnages pieux ou par de hauts fonctionnaires qui immobilisaient des propriétés dont le revenu était consacré à l'entretien de l'édifice et à la rétribution du personnel du culte. Dans les dépendances de la mosquée, il y avait toujours un local affecté à l'école ; l'administrateur des revenus de la mosquée était chargé de l'entretien et de l'ameublement de ce local. Lorsqu'il n'y avait pas de mosquée dans un voisinage rapproché, les habitants se cotisaient pour la location d'une salle d'école et pour l'achat des fournitures, très-simples d'ailleurs.

II

L'école primaire portait le nom de *mecid* (institution, lieu d'études) ou de *mekteb* (école, lieu où on lit).

L'instituteur s'appelait *mouadeb* (instructeur, éducateur) ; il cumulait le plus souvent ses fonctions avec celle d'*imam* (celui qui récite, qui préside à la prière), ou de *muezzin* (qui annonce l'heure de la prière), ou de *thaleb* (postulant à la science, qui lit le Coran). Dans la mosquée dont le mekteb dépendait, un traitement et des prestations en nature lui étaient attribués pour les fonctions du culte qu'il remplissait, mais il ne. recevait aucun subside pour l'école. Les parents des élèves lui donnaient une rétribution qui variait, selon leur fortune, de 15 à 60 boudjous par an (1). Outre la rétribution annuelle, le mouadeb recevait des parents quelques cadeaux à l'époque de certaines fêtes religieuses, et chaque fois que l'élève abordait un nouveau chapitre du Coran.

Dans les tribus, lorsqu'il n'existait pas aux environs une *zaouïa* (chapelle, oratoire (2), chaque douar de quelque importance avait une tente dite *cheria* (foi, religion) fournie, soit par le chef du douar, soit par la réunion des principaux habitants, et destinée à servir de salle d'école.

La rétribution était analogue à ce qui se pratiquait dans les villes ; seulement, le mouadeb recevait des cadeaux en nature et fort peu d'argent.

Pour les familles les plus riches, un employé de la mosquée voisine, choisi parmi les plus âgés, parce qu'il devait pénétrer dans l'intérieur du *harem* (appartement des femmes), venait donner des leçons aux enfants, et, dans cette circonstance, les jeunes filles participaient quelquefois à l'enseignement.

Il n'y avait pas de règle établie pour la surveillance du mouadeb et la tenue de son école. Lorsque sa conduite donnait lieu à de graves sujets de plainte, les habitants du quartier s'adressaient au *cadi* (juge, conciliateur), et provoquaient son changement ; si le

---

(1) Le boudjou d'Algérie a une valeur de 93 centimes ; il y a aussi des doubles boudjous, mais ces monnaies tendent à disparaître de la circulation. Le boudjou de Tunis ne vaut que 65 centimes.

(2) Voir la note de la page 4.

mekteb avait été fondé par les habitants eux-mêmes, le remplacement s'effectuait selon le vœu de la majorité.

L'instruction primaire était beaucoup plus répandue en Algérie qu'on le croit généralement. Nos rapports avec les indigènes des trois provinces ont démontré que la moyenne des individus du sexe masculin, sachant lire et écrire, était au moins égale, sinon supérieure, à celle que les statistiques départementales faisaient connaître en 1830 pour nos campagnes. Ce premier enseignement donné aux jeunes musulmans, consistait à leur apprendre à lire et à réciter le Coran, sans s'inquiéter des commentaires, et par conséquent sans qu'ils pussent le comprendre. Les élèves récitaient ordinairement le livre sacré trois fois en entier pendant qu'ils fréquentaient le mekteb ; ils apprenaient en même temps à écrire. Le mouadeb écrivait successivement tous les chapitres du Coran sur une planchette, et lorsque l'élève avait retenu par cœur la leçon, il faisait un présent de peu d'importance à son maître. Les enfants les plus jeunes apprenaient par cœur les formules des articles de foi, les prières, les pratiques extérieures du culte, et enfin les préceptes de la religion.

Tous les enfants passaient indistinctement dans les écoles, entre 6 et 10 ans, sans établir de distinction de classes ; les plus pauvres n'y recevaient que les éléments de l'instruction religieuse, afin d'entrer plus tôt en apprentissage pour un métier ; ceux qui appartenaient à des familles aisées pouvaient fréquenter l'école plus longtemps, et apprendre à lire, à écrire, et à réciter tout le Coran.

III

Le second degré de l'instruction se donnait dans les *médressa* (écoles arabes supérieures) ; le professeur s'appelait *moudaress* (professeur, érudit, ayant beaucoup étudié). La médressa, ainsi que le mekteb, était presque toujours attenante à une mosquée dans les villes, et à une zaouïa dans les tribus. Elle était entretenue au moyen des revenus des fondations pieuses affectés au culte. Quelquefois, cependant, on fondait des médressa indépendantes des mosquées, et il était alors pourvu à leur entretien directement, mais d'après les mêmes errements.

L'enseignement des médressa était gratuit, et les élèves ne devaient au professeur aucune rétribution. Les études comprenaient généralement un cours complet de grammaire et l'explication des commentaires du Coran. Les élèves qui savaient bien les six différents traités de grammaire étaient réputés thaleb et étaient aptes à devenir lecteurs du Coran dans les mosquées, ou mouadeb dans les écoles primaires, ou enfin *Khodja* (écrivain, secrétaire) des fonctionnaires publics.

Le traitement des moudaress variait depuis 30 jusqu'à 200 boudjous par an, et était payé sur les revenus de la mosquée. Le moudaress recevait, en outre, une once d'huile par jour, pour préparer, le soir, la leçon du lendemain, ainsi que l'eau nécessaire pour faire ses ablutions, et les nattes pour l'ameublement de la médressa. Souvent à l'*Aïd-el-Kebir* (grande fête), le chef politique de la ville donnait des vêtements de drap à tous les moudaress. Comme pour les écoles primaires, le professeur de la médressa cumulait ses fonctions avec celles de quelque emploi du culte, et suppléait ainsi à l'insuffisance du traitement qui lui était alloué.

Dans les zaouïa, c'était ordinairement un des membres de la famille du *marabout* (1) à la mémoire duquel ce monument avait été élevé, qui remplissait les fonctions de moudaress. Ces familles tenaient à grand honneur de ne pas laisser dépérir les médressa fondées auprès du tombeau de leurs ancêtres, et qui maintenaient leur influence dans le pays. C'était aussi pour elles une

---

(1) Moine, prêtre, lié à une règle religieuse, au culte de Dieu. C'est la traduction exacte de notre mot religieux.

source de richesses, car, à certaines époques, les fidèles s'empressaient de porter à la zaouïa des offrandes pour l'entretien des jeunes gens qui y étudiaient. Le chef politique de la province affectait souvent l'impôt de certaines tribus à ces zaouïa, et les habitants, exempts de toute autre contribution, devenaient les clients des possesseurs de la zaouïa. Il arrivait quelquefois que ces sortes de collèges, affranchis de toute surveillance, et où la morale n'était l'objet d'aucun enseignement spécial, se transformaient en écoles de vices et même en repaires de bandits. De tout temps, on a remarqué que certaines zaouïa étaient les foyers les plus ardents du fanatisme et, par suite, des insurrections.

IV

Dans une des mosquées principales des grandes villes, ou bien dans les zaouïa les plus célèbres, outre les cours pour former les tholba, les savants enseignaient le droit, la théologie, et quelquefois l'astronomie, l'arithmétique et l'algèbre. Les professeurs étaient rétribués, dans les villes sur les revenus des mosquées, et dans les zaouïa au moyen des offrandes des hommes pieux. Quand un thaleb était versé dans les sciences qui constituaient les hautes études, il recevait le titre de *Alem* (savant, au pluriel *Ouléma*), et il était apte à devenir, soit *Adel* (notaire, au pluriel *Adoul*), soit *Muphti* (jurisconsulte, qui interprète la loi), soit *Oukil* (procureur fondé, chargé d'affaires), soit enfin professeur dans les médressa.

Dans quelques-unes de ces écoles supérieures, il y avait un certain nombre de cellules destinées à loger les tholba qui suivaient les cours ; ils étaient astreints à une discipline, et recevaient leur nourriture ainsi que certaines redevances en nature. Souvent des familles riches s'imposaient, comme œuvre pie, d'entretenir un ou plusieurs tholba dans ces écoles supérieures. Souvent aussi, les étudiants, comme dans les universités du moyen âge, et plus récemment dans les universités allemandes, allaient quêter leur nourriture de porte en porte, de tente en tente.

On délivrait également des diplômes aux élèves des médressa ; ces diplômes étaient de deux sortes : les uns, pour l'instruction du second degré, attribuant le titre de thaleb ; les autres, pour les hautes études, donnant rang parmi les ouléma.

En résumé, tous les enfants recevaient l'instruction primaire dans des établissements très multipliés ; deux ou trois mille jeunes gens seulement par province suivaient dans les médressa les cours du second degré ; six ou huit cents, au plus, arrivaient jusqu'à l'étude des sciences de droit et de théologie.

V

La constitution particulière de l'instruction publique en dehors des services publics et administratifs, ne pouvait, à l'origine de notre occupation, que soustraire cette intéressante question à notre attention. Absorbés par les préoccupations de la guerre et par les besoins des services publics plus en rapport avec nos habitudes, nous avons négligé l'instruction publique. L'administration des mosquées ayant été confiée à des citadins indigènes, pour la plupart intrigants et avides, qui détournaient la plus grande partie des fonds à leur profit, nous avons dû, après peu de temps, nous charger nous-mêmes de cette gestion. Nous ne pouvions, en effet, laisser la direction d'une comptabilité aussi importante à des personnages investis d'un caractère religieux, et dont les dispositions à notre égard nous étaient à bon droit suspectes. Mais en réunissant les immeubles des mosquées au domaine de l'Etat, la tradition des dépenses pour l'instruction publique s'est entièrement perdue.

La responsabilité de l'état où se trouve l'instruction publique musulmane en Algérie doit retomber sur les indigènes eux-mêmes, qui ne nous ont pas fait connaître cette question toute nouvelle pour nous, et qui, loin d'attirer notre attention sur ces besoins, nous ont donné le funeste exemple de l'incurie et de l'abandon. Ces motifs expliquent la faute que nous avons commise, sans l'excuser. Le résultat fut désastreux. La presque totalité des écoles primaires furent délaissées, à l'exception d'un petit nombre entretenues directement par les habitants.

La même ruine frappa les médressa ; dans les villes, les locaux furent le plus souvent détruits ou détournés de leur affectation ; dans les tribus, les zaouïa trop rapprochées de nos centres furent abandonnées. Les professeurs, dans les villes, ne recevant plus qu'un traitement insuffisant à cause du renchérissement des vivres, se contentèrent de remplir les fonctions du culte qui leur étaient confiées, ou émigrèrent dans les parties du pays non encore soumises à notre domination. Cette institution qui prospérait toute seule, loin de l'intervention de l'Etat, sous la domination musulmane, devait dépérir sous une autorité chrétienne, quand la peur, les préjugés religieux et la méfiance contribuaient à faire redouter l'avenir, et, par suite, à faire négliger l'instruction des enfants. Il aurait fallu que nous pussions intervenir avec résolution, généreusement, pour retenir dans les villes, par des largesses, ces professeurs qui fuyaient dans les tribus pour y fomenter le fanatisme et la haine du nom chrétien.

Un temps précieux a été perdu, et plusieurs jeunes générations ont échappé aux bienfaits de la civilisation ; aujourd'hui, elles seraient prêtes à seconder nos desseins pour l'amélioration politique et sociale des indigènes. Malheureusement, les premiers efforts que nous avons tentés en faveur de l'instruction publique indigène n'ont pas été complets, ni même dirigés dans une bonne voie. On a paru d'abord se réjouir de la décadence des écoles musulmanes en pensant que la civilisation aurait plus facilement raison d'une population ignorante, et on a appelé les jeunes indigènes dans les écoles françaises, pour y apprendre notre langue. Ils n'y sont venus qu'en petit nombre. Aux yeux des musulmans, l'école est le lieu où les enfants apprennent à prier, à pratiquer leur foi, à connaître et à respecter leur livre sacré et les grandes traditions religieuses qui sont en même temps leurs traditions nationales.

VI

Si nous étions encore au lendemain de la conquête, ce que nous aurions de mieux à faire, ce serait de nous rattacher, autant que possible, aux traditions du passé, sur lesquelles était fondée la prospérité de l'instruction publique musulmane. Mais après un demi-siècle écoulé, la résurrection d'un passé presque oublié serait aussi difficile que l'implantation franche et hardie de nos méthodes et de notre organisation scolaire.

L'état social des musulmans des villes a d'ailleurs subi bien des changements, et le moment n'est peut-être pas éloigné où nous pourrons les admettre dans notre famille municipale. Quant à ceux des tribus, ils ont été maintenus en dehors de nos mœurs et de nos usages. Pour les premiers, quelques modifications faciles dans nos établissements d'instruction, afin de ménager les susceptibilités religieuses, permettront de faire asseoir leurs enfants sur les mêmes bancs que les nôtres dans les écoles primaires, et probablement aussi dans les lycées. L'école primaire purement musulmane, mais avec l'enseignement de notre langue et nos méthodes pédagogiques perfectionnées, serait ouverte dans les tribus où la population musulmane est restée agglomérée. Il est néanmoins bien entendu que l'école serait séparée de la mosquée d'une manière absolue, avec son personnel distinct et soumis exclusivement à la direction et à la surveillance de l'autorité académique.

Les hautes études musulmanes, dans un avenir rapproché, trouveront sans doute un asile à la Faculté secondaire des sciences et des lettres, qui doit prochainement être créée à Alger. Il y a bien à la Sorbonne des cours de théologie et d'éloquence sacrée. Jusque-là, on pourrait conserver les écoles supérieures actuelles d'Alger, de Constantine et de Tlemcen, en ajoutant à leur programme des cours de géographie, d'histoire, et de sciences physiques. L'utilité de ces établissements va s'affaiblissant, à mesure que les indigènes se rallient à notre civilisation et prennent place à nos côtés dans la vie publique de la colonie.

Le meilleur moyen de réveiller l'esprit des musulmans de la torpeur du fatalisme, c'est de leur inspirer le désir de connaître et de se rendre compte. La cause de la civilisation sera gagnée et le fanatisme à jamais dompté, le jour où l'instruction aura développé parmi eux des besoins nouveaux et leur aura imposé le travail comme une nécessité pour les satisfaire.

A cet égard, il semble indispensable d'introduire dans l'instruction publique musulmane un élément nouveau : nous voulons parler de l'enseignement agricole et industriel. Nous trouverons dans cette voie le secours des traditions populaires. Le Coran a, en quelque sorte, glorifié la science ; mais il a aussi honoré le travail ; il dit dans un de ses versets : « Dieu vous a donné la nuit « pour le repos, et le jour pour le travail. » Si les 500,000 Arabes algériens persistent dans leurs mœurs nomades, favorables au commerce des caravanes, et se montrent réfractaires à l'agriculture et à l'industrie, nous avons deux millions de Berbères qui aiment la vie agricole et témoignent de grandes aptitudes industrielles.

La conquête, la domination de l'Algérie, ne pouvaient être accomplies que par les armes et la force ; cette mission a été glorieusement remplie par notre vaillante armée d'Afrique. Mais dans le droit moderne, la conquête ne se justifie que par la civilisation des vaincus ; cette seconde partie de la tâche imposée à la France en Algérie est dévolue à l'autorité civile : elle a pour base nécessaire le plus large développement de l'instruction publique au profit des indigènes.

Si on est en droit de regretter le peu de résultats obtenus dans le passé, il ne faut pas oublier qu'on n'avait pas encore appelé à diriger les efforts, ceux-là même qui pouvaient en assurer le succès.

C'est l'intervention directe du ministère compétent dans ces matières, qui doit désormais marquer l'ère du progrès continu parmi les musulmans français.

IMPRIMERIE ADMINISTRATIVE DE PAUL DUPONT.

41, RUE J.-J.-ROUSSEAU (HÔTEL DES FERMES).

www.ingramcontent.com/pod-product-compliance
Lightning Source LLC
Chambersburg PA
CBHW060742280326
41934CB00010B/2324